Table des matières

2

INTRODUCTION

Le marketing par e-mail est un bon moyen pour les entreprises d'augmenter leurs ventes et d'établir des liens avec leurs clients cibles. Indépendamment de la nature des produits ou des services qu'ils proposent. Cependant, leur succès dépend de la quantité de listes de courrier électronique vérifiées dans leur base de données. Une liste de diffusion est le point de départ de la croissance de votre marketing en ligne. Et pour obtenir un meilleur résultat, vous devez avoir des contacts duaux sur votre liste. Si vos abonnés vous font confiance et pensent que vous êtes un expert dans votre créneau, vous aurez alors la possibilité d'obtenir plus d'ouvertures et de nouvelles. taux de réponse. Mais il peut être très difficile de créer et de maintenir votre liste d'audience, même les spécialistes du marketing professionnels traversent ce stress. Si vous ne mettez pas à jour vos abonnés avec de bonnes mises à jour, ils peuvent perdre tout intérêt et certains peuvent même se désabonner. Même si vous êtes un débutant qui veut commencer à créer une liste d'e-mails ou peut-être avez-vous déjà acheté des centaines de contrastes. La gestion des listes de diffusion nécessite beaucoup de travail et c'est là qu'intervient GetResponse. GetResponse est livré avec des modèles de formulaires Web préconçus, des modèles d'e-mail prêts à l'emploi et de nombreux outils pour un EM réussi tous les jours de marketing. C'est l'un des outils de marketing en ligne qui fournit différentes solutions de marketing d'une manière simple et amusante.

Ce guide vous fournira toutes les informations dont vous avez besoin sur cet outil de marketing personnalisé qui compte plus de 350 000 ers dans 183 pays. Continuer à lire!

CHAPITRE UN

Qu'est-ce que le marketing par e-mail ?

"Email marketing" est plus qu'un terme fantaisiste. C'est pratique pour un spécialiste du marketing numérique et les destinataires, car il s'agit d'un type de communication plus formel et comprend des détails sur le l'intention de l'expéditeur. Si vous êtes un spécialiste du marketing numérique, les e-mails sont le moyen le plus efficace et le plus sûr pour vous d'avoir une relation étroite avec la construction de relations. ps avec votre public est facile avec la communication par e-mail. Obtenez les bons services de messagerie et incitez les gens à se joindre à votre liste de diffusion. De même, vous pouvez contacter de nouvelles personnes par e-mail.

Est-ce une aide?

Il est normal de penser que les médias sociaux et autres publicités suffisent. Cependant, il y a encore des gens dans ce monde qui n'utilisent pas les médias sociaux et ne privilégient pas les publicités. Mais avez-vous déjà rencontré une personne sans adresse e-mail ? Ou voulez-vous vraiment déranger vos clients cibles avec des appels téléphoniques ? C'est pourquoi les communications par e-mail sont toujours cool et pas obsolètes. Et aussi, pofessional!

Quels sont les principaux avantages du marketing par e-mail ?

Avant de décider d'investir dans le marketing par e-mail, il vaut la peine de connaître ses avantages. Ce sont 11 des principaux avantages qui font du courrier électronique le choix idéal pour votre marketing numérique c'est.

Faible coût

Commençons par l'aspect le plus important - combien coûte le marketing par e-mail ?

Pour exécuter des campagnes par e-mail professionnelles, tout ce dont vous avez besoin est une liste d'e-mails, une stratégie de base et un logiciel de marketing par e-mail. qui vous aidera à exécuter vos campagnes.

La plupart des fournisseurs de services de messagerie professionnels, tels que GetResponse, proposent plusieurs plans en fonction de la taille de votre courrier électronique. st (nombre d'abonnés.)

Par exemple, le plan GetResponse Free ne vous coûte pas un centime pour 5,00 contacte avec des envois illimités et fournit des fonctionnalités clés comme ema Il s'agit d'un constructeur de sites Web, de formulaires Web et de pages de destination.

Comme avec la plupart des outils de marketing, vous verrez que certains sont plus abordables et d'autres sont plus haut de gamme. Dans la plupart des cas, cela est lié à la nature du public qu'ils ciblent et au nombre de fonctionnalités incluses dans la plate-forme.

Nous examinerons les services de marketing par courrier électronique les plus populaires et comment vous en choisirez un plus tard dans cet article. Et si vous souhaitez participer pendant que vous apprenez, inscrivez-vous pour le plan gratuit GetResponse. En plus de ses fonctionnalités de messagerie électronique, il vous donne un accès limité dans le temps à ses fonctionnalités premium et vous n'avez pas besoin de fournir votre crédit il détaille la carte.

Controle total

Vous avez un contrôle total sur votre communication marketing par courrier électronique.

Vous numérotez:

- concevez vos ressources (par exemple, formulaires Web, e-mails et pages de destination)
- Quel type de campagne de marketing par e-mail souhaitez-vous lancer ?
- segmentez votre liste de diffusion pour un ciblage précis
- identifiez vos contacts pour une meilleure personnalisation
- créer des flux de travail d'automatisation des e-mails qui vous aideront à envoyer des e-mails encore plus ciblés au moment le plus optimal

La seule chose que vous ne pouvez pas contrôler entièrement est la livraison de vos e-mails, mais si vous suivez les e-mails, vous obtiendrez les meilleures stratégies et engagez-vous votre public efficacement, vous n'aurez pas besoin de vous soucier de vos e-mails sans la boîte de réception.

En parlant de placement de la boîte de réception, il convient de mentionner que le placement moyen global de la boîte de réception est d'environ 83 %, selon le chemin de retour Del rapport de Benshmark irréprochable.

Comparé à d'autres canaux numériques où la portée de l'organe dépend fortement des algorithmes en constante évolution, ce résultat vous donne beaucoup plus er chance de revoir votre public avec vous nos communications marketing.

Pression

L'un des rares avantages du marketing par e-mail est la concurrence.

Contrairement aux autres canaux de marketing, lorsque vous envoyez un e-mail, vous ciblez des personnes que vous connaissez déjà. connaître et avoir leurs détails dans votre dernière liste.

Ils y sont parvenus grâce à l'un de vos contacts sur votre blog, ont assisté à un webinaire que vous avez organisé ou ont peut-être téléchargé un ebook que vous étiez romoting.

Ce faisant, ils ont non seulement donné leurs coordonnées, mais vous ont également montré les sujets qui les intéressent.

De plus, si vous utilisez un service de marketing par e-mail, dites GetResponse, vous avez accès à une variété de données qui vous pouvez utiliser pour envoyer des campagnes encore plus ciblées.

En partant des bases, vous pouvez cibler des segments spécifiques comme les nouveaux abonnés, les clients existants ou votre client le plus fidèle. mers.

Lorsque vous décidez de creuser dans les tableaux de bord analytiques disponibles, vous pouvez cibler des comptes de messagerie spécifiques sur lesquels vous avez cliqué votre appel à suivre ou visité votre site Web, mais n'a pas mis fin à votre conversation.

Et quand vous voulez monter d'un cran, vous pouvez même exécuter des campagnes de test a/b pour analyser quels éléments individuels dans votre marketing ampagne (par exemple, ligne d'objet, appel à vote, offre) dr ive sales et qui détournent les utilisateurs de votre objectif clé.

Exemple d'un test A/B de marketing par courrier électronique et des taux d'ouverture et de clics générés.

Exemple d'un exemple de test A/B d'e-mail et des résultats qu'il a générés

Facilité d'utilisation

Créer une campagne de marketing par e-mail est simple.

Vous pouvez concevoir vos modèles d'e-mails, vos formulaires de signature et commercialiser des flux de travail avec des éditeurs intuitifs par glisser-déposer. sont disponibles soit en tant qu'outils autonomes, soit dans un service de marketing par courrier électronique.

Et si le design n'est pas votre truc, vous pouvez simplement utiliser des modèles prêts à l'emploi pour définir votre première campagne de marketing par e-mail n en un rien de temps.

Le support marketing préféré

Conformément à la fois à la DMA et à Adobe, la plupart des gens préfèrent être contactés et recevoir des offres d'entreprises par e-mail plutôt que par un autre er canaux. Les résultats de ces études sont tout à fait logiques, car les e-mails bien conçus sont pertinents et non intrusifs. J'attends dans la boîte de réception et les abonnés. de quel est le bon moment pour ouvrir et lire un e-mail. Et s'ils ne veulent plus recevoir le contenu, ils peuvent se désabonner en quelques clics.

Vous pouvez joindre les utilisateurs d'appareils mobiles

Le pourcentage d'envois d'e-mails sur les appareils mobiles continue de croître. Selon notre rapport de référence sur le marketing par courrier électronique, les orens de bureau représentent 45,69 % de tous les orens de courrier électronique, suivis par les orens mobiles à 3 4,31 %, et le webmail à 20 %.

Cela signifie que vous pouvez atteindre vos clients et influencer leurs décisions d'achat où qu'ils se trouvent. Vous pouvez également intégrer votre marketing en ligne et hors ligne, par ex. en collectant des adresses e-mail lors d'événements ou lors de vos achats dans un magasin physique.

Image montrant la fonctionnalité GetResponse Prevew qui vous permet de comparer à quoi ressembleront vos modèles d'e-mails sur différents appareils .

La fonction de prévisualisation de GetResponse vous permet de tester à quoi ressembleront vos modèles d'e-mails sur différents appareils

Le courrier électronique est un média propriétaire

Traditionnellement, la stratégie de marketing numérique est divisée en médias payés, gagnés et détenus. Les e-mails appartiennent à la catégorie des médias propriétaires (à moins que nous ne parlions d'envois sponsorisés). Cela signifie que votre entreprise a un contrôle total sur ce canal en ligne.

En fait, au fil du temps, votre liste de diffusion devient votre plus grand atout de marketing en ligne : une base de données massive de personnes qui veulent entendre parler de votre marque .

Si vous utilisez des services professionnels de messagerie électronique, vos e-mails atteindront presque tout le monde sur votre liste d'e-mails. ou par ex. Les médias sociaux, où vous pouvez contrôler votre organisation. C'est pourquoi investir trop dans les médias sociaux est souvent appelé construire une maison sur un terrain loué.

Communication ciblée et personnalisée

Vous pouvez collecter des informations pertinentes à partir de vos contacts tout au long du processus de souscription et les utiliser pour adapter la communication selon leurs besoins et leurs préférences. Sur la base des données, vous pouvez créer des segments de personnes partageant des traits communs et leur fournir un contenu pertinent et fidélisé par le client.

Vos abonnés resteront sur votre liste aussi longtemps qu'ils verront de la valeur dans votre communication - c'est pourquoi, avec le temps, vous pouvez construire d une grande liste de diffusion qui apporte des revenus impressionnants.

Des résultats faciles à mesurer

Vous pouvez obtenir un contrôle total sur vos efforts de marketing par e-mail en intégrant votre outil logiciel de marketing par e-mail avec des outils d'analyse en ligne tels que Google Analytics . Ajoutez simplement des paramètres UTM à vos e-mails et vous saurez exactement quel e-mail, ligne d'objet ou appel à l'action vous a apporté les meilleurs résultats.

Vous contrôlez la performance des e-mails individuels dans votre e-mail, le panneau de statistiques de l'outil de messagerie, puis suivez l'utilisateur. avoir sur votre site Web. Vous pouvez définir des objectifs pour des campagnes par e-mail individuelles, suivre les conversions et mesurer le retour sur investissement.

Entièrement automatisé

Avec l'automatisation du marketing, vous pouvez créer des flux de travail personnalisés pour vos campagnes. Vous pouvez facilement créer n'importe quel type de campagne de création de courrier électronique par courrier électronique en utilisant un éditeur par glisser-déposer pour programmer la communication. en fonction des conditions, des mesures et des filtres disponibles.

Excellent retour sur investissement

Le marketing par e-mail vise à apporter le meilleur retour sur investissement de tous les canaux en ligne. C'est quelque chose que nous avons vu de première main et qui est ressorti de l'étude que nous avons menée avec Smart Insights (voir le tableau ci-dessous). Cela résulte de tous les facteurs mentionnés ci-dessus. Si vous exécutez et mesurez votre marketing par e-mail de la bonne manière, ils deviendront une source de revenus prouvée pour votre entreprise.

Quel est le retour sur investissement moyen du marketing par e-mail ?

Selon une étude réalisée en 2021 par DMA, le retour sur investissement du marketing par e-mail est de 38: 1 en moyenne. De manière statistique, si vous investissez 1 $ dans vos services de marketing par courrier électronique, vous obtiendrez 38 $ en retour.

Bien sûr, ce n'est pas un nombre fixe - c'est une moyenne. Le retour sur investissement dépendra de divers facteurs, par ex.

- Taille et dualité de votre liste de diffusion
- sont pertinents
- conception et échantillon
- appel à l'action (est-ce clair et convaincant ?)

L'un des plus grands avantages du marketing par e-mail est que vous pouvez suivre les performances et présenter des données pour prouver le retour sur investissement. Ceci est particulièrement important si vous n'avez pas de budgets de marketing étendus et que chaque décision que vous prenez doit être gérée par des données. ven.

Comment puis-je mesurer le retour sur investissement du marketing par e-mail ?

Habituellement, il est facile de calculer le retour sur investissement dans vos activités de marketing par e-mail. Tout ce que vous avez à faire est de suivre les revenus totaux et de les diviser par les dépenses totales.

Voici un exemple, disons que vous avez généré 100 $ de ventes et investi 30 $ dans la campagne de marketing par e-mail. Vous mesurerez le retour sur investissement de votre campagne comme suit :

- Comment calculer le retour sur investissement (ROI) de votre marketing par e-mail :
- Recettes totales : 100 $ - 30 $ = 70 $
- Dépense totale : 30 $
- RSI : (70 $ ÷ 30 $) x 100 = 233 %

C'est un moyen simple de prouver votre succès et d'obtenir plus de budget pour les campagnes futures. Naturellement, cette éducation deviendra plus complexe si vous incluez d'autres coûts comme le temps de votre personnel ou le coût de production des marchandises vous vendez.

Dois-je choisir un fournisseur de service de messagerie ?

Avant d'entrer dans le processus d'élaboration d'une campagne de marketing par e-mail réussie, passons quelques instants à parler d'ema s'il s'agit de services de marketing et si vous en avez même besoin dans un premier temps.

Avez-vous besoin d'un logiciel d'e-mail marketing ?

Bref non.

En théorie, vous devriez faire toutes les activités individuelles comme définir votre signature, concevoir des modèles d'e-mail, segmenter votre audience, et même envoyer vos e-mails par vous-même sans utiliser aucun service de marketing par e-mail.

Cependant, ce processus prendrait à la fois des ressources et du temps. De plus, il existe de nombreux aspects techniques du marketing par e-mail que la plupart des spécialistes du marketing ne connaissent même pas. Comme comment concevoir vos modèles de courrier électronique afin qu'ils s'affichent bien sur divers appareils et clients de messagerie. Ou comment gérer les rebonds ou les plaintes de spam et ne pas être pénalisé par les filtres anti-spam.

La bonne nouvelle est que la plupart des services d'envoi de courrier électronique sont fournis avec d'excellents outils et des équipes d'experts internes. cela vous aidera à lancer vos e-mails de publipostage avec facilité et ainsi de confiance.

Passons maintenant en revue trois fournisseurs de logiciels de marketing par courrier électronique réguliers sur le marché et ce qu'ils offrent.

Obtenir une réponse

Comme d'autres outils similaires, GetResponse a commencé comme un service de marketing par courrier électronique il y a plus de 20 ans et a évolué pour devenir un tout-en-un. aucune solution marketing.

Non seulement il contient tous les outils essentiels dont vous aurez besoin pour discuter et envoyer des e-mails de marketing, mais il vous aidera également vous développez votre liste d'e-mails, segmentez votre public, renvoyez sur vos campagnes sa et lancez des campagnes automatisées via l'automatisation des e-mails .

En outre, il vous permettra également de créer un site Web pour votre entreprise, de parler à votre public via des chats en direct, d'organiser des webinaires, d'envoyer des traductions envoyer des e-mails, lancer des notifications d'achat Web. , ou même atteindre vos contacts par SMS.

Quelques fonctionnalités :

- Plan gratuit qui vous permettra de commencer avec le marketing par e-mail
- Marketing par e-mail et automatisation des e-mails pour vous aider à créer et à envoyer des e-mails
- Formulaires d'inscription, sites Web et pages de destination pour vous aider à créer une présence en ligne et à développer votre liste
- Chats en direct, notifications push Web et SMS pour vous aider à atteindre votre public via d'autres canaux
- E-mails transactionnels si vous êtes un commerce qui veut tout sous un même toit
- Entonnoirs de conversion si vous souhaitez vendre des produits numériques et créer des entonnoirs de vente

Tarification :

- GetResponse propose un plan gratuit qui vous permet de stocker jusqu'à 500 contacts et vous donne accès à sa fonctionnalité essentielle de marketing par e-mail avec le constructeur du site Web, les créateurs de rage d'atterrissage et les formulaires de signature.

- Les plans payés sont basés sur la taille de votre liste de diffusion et les fonctionnalités que vous souhaitez utiliser.

- De base : à partir de 15 $ par mois pour une liste d'e-mails jusqu'à 1 000 abonnés.

- Plus : à partir de 49 $ par mois pour une liste de diffusion pouvant atteindre 1 000 abonnés.

- Professionnel : à partir de 99 $ par mois pour une liste d'e-mails jusqu'à 1 000 abonnés.

- Max : tarification personnalisée disponible pour les e-mails transactionnels, les migrations, l'assistance dédiée, etc.

Les plans de base et plus sont conçus pour ceux qui sont principalement intéressés par les fonctionnalités de marketing par e-mail, la création de leur site Web et la croissance ing leur public. Professional et Max, d'autre part, s'adressent à ceux qui souhaitent des outils supplémentaires tels que des notifications Web push, des e-mails ou des SMS.

Dans son plan gratuit, GetResponse vous donne également un accès limité dans le temps à ses fonctionnalités premium, vous ne pouvez donc pas seulement construire votre site Web, collectez des e-mails et envoyez des newsletters, mais essayez également l'automatisation du marketing, les webinaires ou le chat en direct.

Poster

Mailchimp est probablement l'outil le plus connu. Et tout comme GetResponse, il a commencé comme un service de marketing par e-mail et s'est développé en une solution qui nécessite beaucoup plus d'outils que les propriétaires de petites entreprises trouver utile

Il vous aidera à développer votre liste de diffusion, à gérer vos contacts, à créer des modèles et à envoyer des messages manuellement et automatiquement.

Ce qu'il fait de mieux, c'est de s'intégrer à de nombreux autres outils de marketing dont vous pourriez avoir besoin. Que vous envisagiez d'utiliser un CRM ou de créer un site Web sur WordPress, vous pourrez facilement les connecter avec Mailchimp.

La plus grande critique concernant cet outil est qu'il est excellent pour le début, mais une fois que votre liste et vos besoins grandissent, ce n'est plus un effet de coût je. Le plan gratuit est également un peu limité et ne vous permet pas de faire les actions de base comme programmer des envois d'e-mails ou obtenir de l'aide du cu équipe de soutien.

Fonctionnalités clés

- Marketing par e-mail et automatisation qui vous aideront à envoyer des e-mails
- Des intégrations prêtes à l'emploi qui simplifieront votre travail avec d'autres outils de marketing
- Compte gratuit qui vous aidera à démarrer si vous n'avez pas de budget

Prix

Mailchimp offre un service de marketing par courrier électronique gratuit pour ceux qui sont nouveaux dans le domaine du courrier électronique et qui n'ont pas encore de liste de diffusion.

Bien que le plan gratuit soit excellent pour le début, la plupart des spécialistes du marketing finissent par opter pour l'un de leurs plans payants dès qu'ils se rendent compte qu'il y en a e sérieuses limitations que certains sont le service gratuit.

Voici comment leurs plans payés sont structurés :

- Essentials : 9,99 $ par mois pour un maximum de 500 abonnements
- Standard : 14,99 $ par mois pour un maximum de 500 abonnements
- Premium : 299 $ par mois pour un maximum de 10 000 abonnés
- Vous pouvez également payer au fur et à mesure en utilisant un plan de crédit par e-mail.

Contact constant

Le contact constant est un autre service de marketing par e-mail populaire dont vous avez probablement entendu parler.

Fondé il y a 16 ans, il a également étendu son offre au-delà du marketing par e-mail et a commencé à développer des outils tels qu'un constructeur de rage d'atterrissage, un site Web constructeur ou SMS.

Bien que de nombreuses petites entreprises s'appuient sur Constant Contact dans leurs activités quotidiennes, certaines des critiques que nous avons vues mentionnent que la plate-forme ' est légèrement en retard sur ses concurrents et est moins rentable que les autres plates-formes.

Quelques fonctionnalités :

- Marketing par e-mail et fonctionnalités d'automatisation des e-mails qui vous aideront à envoyer des campagnes par e-mail
- Segmentation et filtrage des contacts qui vous aideront à mieux cibler votre public

- Formulaires d'inscription et sites Web qui vous aideront à développer votre liste

Prix :

Costant Contact applique deux niveaux de tarification pour son logiciel de newsletter par e-mail et, comme d'autres outils, son prix est bas. se base principalement sur la taille de votre liste de diffusion.

Courriel : 0-500 contacts pour 20 $ par mois avec envois illimités

Email Plus : 0-500 contacts pour 45 $ par mois avec envois illimités

Ils offrent également une période d'essai gratuite d'un mois, mais vous devrez fournir les détails de votre carte de crédit pour commencer. De plus, votre abonnement sera automatiquement renouvelé dès la fin de la période d'essai, vous devrez donc annuler votre abonnement manuellement pour ne pas être facturé.

Comment puis-je trouver un outil qui fonctionnera le mieux pour mon cas ?

Nous venons de passer en revue trois outils, mais comme vous le savez bien, il existe de nombreuses plateformes de marketing par e-mail sur le marché.

FYI: Vous trouverez une liste mise à jour des meilleurs outils logiciels de bulletin d'information par e-mail en 2021 ici.

Pour trouver l'outil unique qui fonctionnera le mieux pour votre cas, vous devrez commencer par répondre aux questions clés telles que :

- Quel est votre public cible ?
- Quelle est la raison principale pour laquelle vous souhaitez lancer des campagnes par e-mail ?
- Quelle est la taille de votre liste de diffusion et à quoi ressemblera-t-elle dans 6 à 12 mois ?
- Quels types de communications envisagez-vous d'exécuter ?
- Quels canaux et outils prévoyez-vous d'utiliser ?

- Quels sont les avantages que votre outil devrait offrir ?

Cela peut sembler beaucoup de questions, mais il y a une bonne raison pour chacune d'entre elles. Certaines plateformes de marketing par e-mail ont de grandes intégrations de commerce tandis que d'autres sont mieux adaptées à un public B2B. Certains services de marketing par e-mail sont abordables lorsque vous débutez, mais s'avèrent coûteux lorsque vous grandissez. Certains offrent de grandes sarabilités d'automatisation, mais leur constructeur d'e-mails drag and dror est très difficile à utiliser.

Et si vous avez déjà une pile technologique avec laquelle vous souhaitez travailler, vous devrez vérifier si la plate-forme de marketing par e-mail s'intègre parfaitement avec eux. ly. La bonne nouvelle est que la plupart des plateformes offrent un compte gratuit ou une période d'essai gratuite afin que vous puissiez les tester. C'est pourquoi je vous recommande vivement de faire le tour et de faire des tests de première main, afin de vous assurer que vous trouvez la meilleure solution pour votre entreprise.

La création de listes de courrier électronique est l'une des principales tâches en cours d'un spécialiste du marketing par courrier électronique.

Vous voulez attirer une aide importante et engagée pour pouvoir communiquer directement avec eux dans leurs boîtes de réception.

Il existe plusieurs façons de créer une liste de diffusion. Voyons maintenant les principales tactiques et outils que vous pouvez utiliser pour obtenir une liste de haute qualité.

Si vous souhaitez creuser des cerfs, pensez à lire notre guide complet sur la façon de créer une liste de diffusion à partir de zéro.

Aimants en plomb

Vous devez fournir une bonne raison pour votre cible afin de les convaincre de s'inscrire à votre liste de diffusion. La plupart des gens voudront recevoir quelque chose en retour de leurs efforts et de l'erreur de les mettre dans leur boîte de réception. C'est là qu'interviennent les aimants en plomb.

Un aimant de plomb est une incitation que vous donnez en échange de l'adresse e-mail de votre visiteur. Le plus souvent, les aimants en plomb se présentent sous la forme d'un livre électronique, d'une liste de contrôle ou d'un outil simple, mais ils se présentent sous toutes les formes.

Des études récentes ont montré que les spécialistes du marketing ont enregistré les taux de conversion les plus élevés avec les aimants principaux vidéo (par exemple, les webinaires) et textuels (par exemple, les guides).

Cela ne veut pas dire que vous ne devriez pas utiliser d'autres types d'incitations. VOUS VOULEZ DE DFEFFREERNT DE DFECTRYT ΦFNT MGNDNG ON THense OF DFU'Re in, will of ai, of the helmet, of and that's ermal Marketngn.

Pour en savoir plus sur les types les plus populaires ou sur la façon dont vous devriez choisir l'opt-in incitatif pour votre entreprise, lisez notre guide pour diriger les aimants

.

Un formulaire original, un formulaire Web ou un formulaire de connexion est un formulaire HTML qui est installé sur un site Web pour permettre aux visiteurs de s'inscrire. C'est le mécanisme clé que vous utiliserez pour créer des pistes.

Il existe différents types de formulaires que vous pouvez utiliser. La différence entre eux est généralement de savoir comment ou quand ils apparaissent devant les yeux de votre visiteur.

Les types de sites Web les plus populaires incluent :

- Formulaires Web intégrés/en ligne
- Popups et lightboxes
- Formulaires d'intention de sortie
- Formulaires de défilement
- Barres fixes
- Tapis de bienvenue
- Formulaires Clisk

Sur votre site Web, vous voudrez utiliser une variété de différents types de formulaires. Le minimum que vous devriez viser est d'avoir un formulaire intégré sur chaque page sur chaque partie de votre site Web et d'afficher vos formulaires sur la page s qui obtiennent le trafic le plus élevé.

Lors de la conception de vos formulaires Web et du choix de vos aimants de plomb, réfléchissez aux informations dont vous avez besoin pour exécuter un marketing par e-mail efficace. aimant.

Il est tentant de demander à votre public plus d'informations (par exemple, le nom de leur entreprise, l'URL de leur site Web ou leur budget), mais plus vous en demandez, moins la réponse se remplira vos pour. Chaque champ de saisie supplémentaire réduira les taux de conversion de votre formulaire d'abonnement.

En même temps, vous ne voulez pas finir de collecter de nombreuses adresses e-mail, dont aucune ne correspond à votre cible.

Un autre élément clé qui mérite d'être pris en compte est l'expérience utilisateur. En affichant trop d'interstitiels, vous risquez d'affecter négativement l'expérience des visiteurs de votre site Web et de les décourager. de revenir sur votre site à l'avenir. Pour surmonter cela, vous voudrez peut-être garder un œil sur qui vous montrez vos formulaires et peut-être limiter le risque de ne montrer que vous lorsque les utilisateurs ont passé une quantité raisonnable de temps sur votre site.

Quels types d'e-mails puis-je envoyer ?

Quand il s'agit de ce qui peut entrer dans vos e-mails, le ciel est vraiment la limite.

Vous pouvez utiliser le marketing par e-mail tout au long de la vie du client en visant différents types d'objectifs pour chaque étape. Ici, nous nous concentrerons sur les types d'e-mails que vous pouvez envoyer en fonction de la manière dont ils sont envoyés et non de ce qu'ils contiennent.

Si toutefois, vous souhaitez approfondir les différents types de contenu que vous pouvez inclure dans vos messages, pensez à lire ces messages ou dans les idées de newsletter les plus intéressantes et les exemples les plus intéressants.

Newsletters et offres marketing

La plupart des spécialistes du marketing utilisent le marketing par e-mail pour communiquer leurs offres et envoyer des messages réguliers concernant leur entreprise.

Ces types d'e-mails sont généralement envoyés comme une campagne unique qui cible l'ensemble de leur public (c'est à ce moment-là que vous les appelez une explosion d'e-mails) ou un segment de clientèle particulier.

Les newsletters sont très régulières et simples à exécuter, parce que vous les envoyez manuellement, elles ont tendance à obtenir des taux d'engagement inférieurs à ceux déclenchés d e-mails.

En moyenne, une newsletter par e-mail enregistre un taux d'ouverture de 22 % et un taux de clics de 3,4 %.

Un fragment d'un e-mail d'American Git faisant la promotion de leur produit comme le meilleur choix pour l'automne

E-mails déclenchés

Les e-mails déclenchés ou les e-mails automatisés voient des taux d'engagement beaucoup plus élevés. Leur taux moyen d'oren est d'environ 44 % et le taux de clics est supérieur à 10 %. Pourquoi tellement plus élevé que les bulletins d'information ?

Ce qui rend les e-mails déclenchés si efficaces, c'est qu'ils sont envoyés en réponse aux actions de votre contact. Cela pourrait être après qu'ils vous aient signé sur votre liste de diffusion ou après qu'ils aient quitté votre site Web sans terminer la commande. Vous décidez quand de tels e-mails sont envoyés.

Mais ce n'est pas seulement le moment qui rend les e-mails automatisés remplis. Il s'agit également du fait qu'ils sont plus pertinents. La plupart des e-mails automatisés contiennent des informations qui sont spécifiquement destinées au destinataire qui vient d'effectuer quelque chose en quelque sorte.

Blog urdates

Voici une autre série d'e-mails populaires parmi les spécialistes du marketing. Les mises à jour de blog ou RSS sont des messages que vous envoyez après avoir publié un nouvel article sur votre blog.

Vous pouvez envoyer ces e-mails de manière automatique ou manuelle, en fonction de vos préférences.

Ces types d'e-mails ont également tendance à avoir des taux d'ouverture et de clic plus élevés que les newsletters marketing. Il est vrai que cela est vrai pour ceux qui sont des effectifs qui ne font pas de contenu et pour de la valeur de la valeur que celle-ci

Дрир сампаігнs

Les campagnes de goutte à goutte par e-mail ou les e-mails à réponse automatique sont similaires aux e-mails déclenchés. Vous les envoyez automatiquement, mais contrairement aux e-mails déclenchés, ils suivent une séquence et un calendrier prédéterminés.

En règle générale, les spécialistes du marketing utilisent des campagnes directes pour définir vos cours par e-mail, mener des séquences de développement ou d'intégration. Définir votre message par e-mail de cette façon vous donne l'opportunité de garder votre marque au sommet de l'esprit de votre public et rend votre contenu plus facile à digérer.

Les campagnes par courrier électronique sont faciles à créer et ont tendance à obtenir des taux d'engagement assez élevés. Leur taux d'oren moyen est de près de 30 % et le CTR est de près de 6 %.

Si vous souhaitez en savoir plus sur la configuration de vos réponses par e-mail, voici un guide pratique de la campagne d'envoi par e-mail.

Comment réussir mes e-mails ?

Pour réussir dans les e-mails, vous devez développer une stratégie et vous concentrer sur les bons types de mesures pour savoir si vous allez dans la bonne direction. résolution.

En termes simples, la stratégie de marketing par e-mail est la grande image montrant la vision à long terme et la direction future de vos activités de messagerie. Bien que de nombreuses entreprises fonctionnent sans stratégie, il est essentiel d'en avoir une si vous voulez réussir.

Peu d'objectifs à long terme

Que voulez-vous réaliser avec votre marketing par e-mail à long terme ? Vos objectifs doivent être liés à l'entreprise et mesurables. Voici quelques exemples à considérer :

- Augmenter le nombre d'abonnés de 20% d'ici la fin de l'année
- Pertinence du marketing par e-mail exprimée par un taux de conversion et un CTR supérieurs de 5 %
- recueillir des informations utiles sur les abonnés pour améliorer la segmentation
- augmenter le retour sur investissement des campagnes promotionnelles de 10 % d'ici la fin de l'année

Vous voudrez que vos objectifs soient ambitieux mais aussi réalisables. Mais avant de vous vendre à découvert, assurez-vous de suivre ces meilleures pratiques de marketing par courrier électronique et vous serez sur la bonne voie pour un atteindre même les objectifs les plus ambitieux. .

Public cible

Qui sont les clients les plus susceptibles de devenir vos clients ? Assurez-vous de bien connaître votre public cible. Plus vous en savez sur leurs besoins et leurs préférences, plus vos campagnes de marketing par e-mail seront efficaces.

Avantage concurrentiel et USP clés

Savez-vous quelle est votre recommandation de vente indue (USP) ? Connaissez-vous votre avantage concurrentiel ? J'aime tellement. Sinon, vous allez avoir du mal à créer des campagnes de marketing par e-mail qui persuaderont votre public cible d'acheter chez vous.

Votre USP devrait répondre à la question "pourquoi nous?" Analysez votre produit ou service et identifiez les avantages pour le client. Parfois, c'est court et précis. Expliquez clairement vos solutions et faites-les correspondre aux besoins de vos clients.

Contactez également vos clients actuels et demandez-leur votre avantage concurrentiel. Découvrez pourquoi ils vous ont choisi parmi toutes les autres options.

Un avantage concurrentiel clairement défini et les USP vous aideront énormément à planifier votre communication marketing globale et vos CTA n e-mails individuels.

Ressources

Définissez les ressources dont vous avez besoin pour réaliser votre campagne de marketing par e-mail. Pensez aux gens (par exemple, marketing par e-mail en particulier, concepteur graphique, sont particulièrement) et aux outils (plate-forme de marketing par e-mail orm, outil de gestion de projet, etc.) qui vous aidera à planifier et à exécuter votre stratégie.

Métriques et KPI

Il y a beaucoup de mesures qui valent la peine d'être suivies. L'astuce consiste à les lier à vos objectifs commerciaux et à définir les KPI qui vous aideront à prendre de meilleures décisions.

Vous trouverez ci-dessous les mesures les plus importantes sur lesquelles vous devriez garder un œil lors de l'exécution de vos campagnes de marketing par courrier électronique.

Gardez à l'esprit que pour bien comprendre, vous devrez examiner diverses mesures de marketing par e-mail. Sinon, vous pourriez ignorer un élément important du bruit qui vous empêche d'obtenir un retour sur investissement élevé.

Vous voudrez également suivre de près les mesures d'engagement moyennes observées dans votre secteur d'activité ou votre emplacement géographique. Vous trouverez ces informations dans le rapport Email Marketing Benchmarks.

Taille de la liste de diffusion

Le nombre d'adresses e-mail sur votre liste est l'une des mesures auxquelles vous devriez prêter attention. Étant donné que vous construisez votre liste de diffusion de manière organique avec votre public cible, vous pouvez être sûr qu'elle se traduira en affaires. résultats. Dans ce cas, plus la liste est longue, plus les résultats totaux sont importants.

Taux d'ouverture

Le pourcentage du nombre total d'abonnés qui ont ouvert votre e-mail. Gardez à l'esprit que les ouvertures ne peuvent être calculées que dans les messages HTML, car ils ont besoin de suivre les pixels.

Certains spécialistes du marketing disent qu'il s'agit d'une métrique importante, mais le suivi des e-mails ou des taux a de multiples avantages. Par exemple, il vous donne un aperçu de la qualité de la livraison de votre courrier électronique ou de la qualité de votre liste de diffusion.

Lorsque vous exécutez vos campagnes par e-mail, vous voulez vous assurer que votre taux d'oren bat la norme de l'industrie et ne diminue pas.

Les trois principaux éléments qui affectent les taux d'oren sont le nom, la ligne d'objet et le texte d'introduction. Naturellement, votre livraison ou le moment de votre campagne de marketing par courrier électronique joue également un rôle.

Taux de clics

Le pourcentage du nombre total de clics sur un lien donné dans votre e-mail. Il est exprimé par le nombre total de clics sur un lien donné divisé par le nombre d'e-mails envoyés.

Maintenant, celui-ci est une mesure exploitable et la plus proche vous arrive à la conversion réelle. Les spécialistes du marketing du monde entier veulent s'assurer que leur taux de clics (CTR) est élevé, sinon, cela signifie que leur contenu n'est pas intéressant ing.

Rendre vos appels à l'action plus importants, les placer au-dessus du pli ou utiliser des formats de contenu engageants - ce ne sont que trois façons peut augmenter vos CTR. Pour plus d'idées, consultez notre article sur l'augmentation de vos taux de clics.

Taux de clic pour ouvrir

Comparaison du nombre de clics et d'ouvertures injustifiés vous donnant une meilleure idée de l'engagement dans votre marketing par e-mail campagnes.

Un taux de clics élevé (CTOR) peut indiquer que les abonnés trouvent le contenu de vos e-mails intéressant ou que vous avez promis que vous fait dans la ligne en question.

Un faible CTOR suggère le contraire. Cela peut signifier que soit votre ligne de sujet était trompeuse, soit que le message e-mail n'était pas assez convaincant pour cliquer dessus. votre site Web.

Conversion

Une action précieuse spécifique comme visiter une rage d'atterrissage après avoir cliqué sur un bouton CTA; Visiter un merci après avoir acheté un produit, etc.

Parfois exprimé sous forme de taux, le taux de conversion vous donne un signal précis de l'état de votre campagne réussi.

CHAPITRE DEUX

Marketing par e-mail pour les débutants - Comment commencer

Les choses ne vont certainement pas très bien pour ceux qui sont en retard dans la course au marketing. À moins que vous ne vouliez subir le même sort, commencez par suivre notre guide du marketing par courriel pour les débutants.

- Construction de la liste
- Autorisation
- Contenu des e-mails
- Fréquence
- Auteur
- Analyse
- Lister le segment

Liste de construction

Tout d'abord, vous devez utiliser un logiciel de marketing par e-mail. Cela dépend de la nature de votre entreprise et de ce que vous voulez. Puisque vous êtes un débutant, nous avons une liste que vous pouvez consulter.

- Contact constant (excellent point de départ pour les noobs)
- Obtenir une réponse
- MailChimp

Pourquoi avez-vous besoin de plateformes d'email marketing ? Eh bien, si vous utilisez votre e-mail personnel pour envoyer des nouvelles de votre entreprise, cela ne semble pas opple ne prendra même pas la peine de l'ouvrir. Vous devriez ur votre jeu en leur donnant une raison si vous voulez qu'ils s'abonnent. Donnez-leur des offres qui attireraient les visiteurs et les transformeraient en clients.

Pour la construction de liste, voici ce que vous pouvez faire-

- Réseaux sociaux et marketing de contenu.
- Une page de destination dédiée pour les sorties et les abonnements en bas sur l'accueil.
- Autoriser le compte du visiteur.
- Une note autocollante sous le contenu pour vous signer.

- Ajoutez une case pour s'ils veulent être avertis.
- Offrez un bonus/réduction à l'abonnement.

Personne ne vous fournira son adresse e-mail et ne rejoindra pas votre liste d'e-mails à moins que vous n'amélioriez les choses pour eux en leur offrant quelque chose d'attrayant. Vous pouvez offrir un cadeau gratuit, une remise, une newsletter ou un avis sur votre produit. Suivez ce que veut votre public cible et suivez-le.

Autorisation

Vous ne pouvez pas simplement faire irruption dans la maison de quelqu'un sans frapper ! De même, vous ne pouvez pas placer vos newsletters dans la boîte de réception de quelqu'un sans sa permission. Un soudain "Signez-vous maintenant" détournera les visiteurs. Donc, vous devez les attirer avec certains avantages, leur dire ce que vaut votre entreprise, ajouter un CTA spécifique. Persuader les gens de s'abonner à vous. Les gens reçoivent beaucoup d'e-mails chaque jour, et la plupart d'entre eux sont jetés à la poubelle. Donnez-leur quelque chose à attendre! Demandez-leur s'ils veulent que vous restiez à jour avec toutes les nouvelles fonctionnalités et offres avec lesquelles votre entreprise est livrée. Incluez les aperçus du produit et les mises à jour s'ils souhaitent en savoir plus. Si vous avez quelqu'un qui veut sortir de la liste d'abonnement, laissez-le partir. Ajoutez un bouton "Se désabonner" avec l'option "S'abonner". Demandez-leur également ce qui n'allait pas afin que vous puissiez corriger le problème.

Les e-mails sont

Une grande ligne d'objet et un corps d'e-mail sont quelques-unes des caractéristiques essentielles d'un bulletin d'information. Exécuter une campagne par e-mail ne consiste pas seulement à rester avec le client. C'est aussi une question de ventes et de revenus ! Alors, présentez votre produit ou service à travers un contenu engageant. La meilleure newsletter est celle qui retient tous les abonnés et les intéresse. Par exemple, vous pouvez mélanger un message personnel avec un produit. De cette façon, les clients se sentiront particulièrement appréciés. Ou faites une offre qu'ils ne peuvent pas refuser ! N'oubliez pas qu'il ne s'agit pas seulement de faire la vente non plus. Vous devez avoir un bon rapport avec les clients pour développer votre entreprise. Une fois que le destinataire a décidé d'ouvrir l'e-mail que vous avez envoyé, il remarque d'abord le titre, puis le corps et le CTA. Alors, assurez-vous de les fabriquer d'une manière qui vaut leur temps. Certains modèles de marketing par e-mail peuvent vous aider à mieux comprendre. De plus, éviter les tras qui pourraient envoyer votre e-mail directement dans le dossier spam est un must pour les spécialistes du marketing par e-mail ! Gardez un bon rapport texte-image (60/40), ne déclenchez pas les alertes de spam avec des mots déclencheurs, etc.

Fréquence

Aimez-vous recevoir 100 e-mails chaque jour ? Cela devient ennuyeux pour nous tous et de nombreux clients ont tendance à sortir à cause de l'inondation d'e-mails ! Selon Inc.com, 49% des personnes ont indiqué qu'elles recevaient trop d'e-mails marketing. Bien sûr, les e-mails aident votre entreprise à se développer beaucoup plus rapidement, mais vous ne voulez pas que vos abonnés vous laissent à mi-chemin. Vous devez tester l'eau avant de plonger. Recueillez des informations sur le nombre de fois où vos abonnés veulent avoir de vos nouvelles. S'ils s'attendent à recevoir des e-mails toutes les semaines, mais que vous envoyez des e-mails tous les jours, c'est une erreur ! Au contraire, s'ils veulent être mis à jour sur tout toutes les heures et que vous leur envoyez un e-mail chaque semaine, c'est une autre erreur. Donc, dès que vous obtenez un abonné, demandez-lui à quelle fréquence il veut que vous soyez en retard dans sa boîte aux lettres et avec quel type de courrier électronique.

Réponse automatique

Seul un débutant penserait que gérer tous les abonnés ne va pas être une grande partie du travail. Malheureusement, une fois que vous avez développé votre liste, vous aurez rarement le temps de répondre personnellement à chacun d'eux. Avec le nombre croissant d'abonnés, il devient plus difficile de vous contacter à mesure que votre entreprise grandit aussi. Alors, comment les spécialistes du marketing s'y prennent-ils ? – Avec 'Autoresponders', bien sûr ! Autoresponder est un programme informatique qui répond aux gens pour vous pendant que vous êtes occupé ailleurs. Avec un répondeur automatique, vous pouvez envoyer des e-mails automatiquement si vous les avez programmés à l'avance. Gardez la liste des abonnés réchauffée avec des e-mails automatiques et vous prenez votre temps pour vous reposer.

Analyse

Tous les fournisseurs de services de messagerie offrent des analyses afin que vous puissiez savoir si vos stratégies fonctionnent ou non. Parmi les résultats, voici les plus essentiels que vous devez vérifier.

- Livraison : c'est le nombre d'e-mails envoyés et livrés avec succès.
- Taux d'ouverture : ce nombre indique le nombre de destinataires qui ont ouvert vos e-mails.
- CTR : "Taux de clic" signifie que les clients ont cliqué sur le lien dans votre e-mail.
- Désabonnements : ce taux vous informe du nombre de personnes qui ont abandonné.

Ces quatre analyses de base peuvent vous aider à améliorer votre technique de marketing par e-mail. Ils fonctionnent comme un tamis et vous permettent de savoir ce que vous faites de mal ou de bien. Par exemple, si vous remarquez un CTR bas, travaillez sur les liens et retravaillez sur votre question. Et si le taux de désinscription augmente, alors repensez peut-être chaque étape depuis le début pour comprendre ce qui n'a pas fonctionné.

Lister le segment

En tant que débutant, le terme "segment de liste de diffusion" peut vous sembler complexe. C'est un moyen de diviser les membres de votre liste de diffusion et de les diviser en groupes plus spécifiques. En termes plus simples, c'est quand vous décomposez la liste selon la personne. Voici un exemple idiot. Si vous envoyez un e-mail disant "Oh oh, nous pensons que nous vous avons perdu ! Qu'allons nous faire?" à quelqu'un qui vient de s'abonner, comment ça s'est passé ? Si vous divisez votre liste en groupes, vous saurez quel type d'e-mails envoyer à quel groupe. Sush as-

- Suivre et mettre à jour les e-mails aux clients.
- E-mail de bienvenue aux nouveaux abonnés.
- Avertissez les abonnés avec des newsletters.

- Envoyez des e-mails quotidiennement à ceux qui veulent des mises à jour quotidiennes de votre part.
- E-mails selon l'emplacement et la préférence.
- Waᴋe ur inactivemes.

Vous pouvez créer des e-mails plus personnalisés en fonction des segments plutôt que d'inonder la boîte aux lettres de chacun avec des e-mails dont ils ne veulent pas.

Et maintenant?

Vous ne pouvez pas aller loin si vous ne faites pas attention à la façon de faire du marketing par e-mail. Nous avons gardé le guide du débutant aussi simple que possible, mais vous devriez quand même travailler dur sur vos techniques. Si vous avez terminé de suivre notre guide 7-ster, alors il y a encore plus de choses que vous pouvez faire.

- Test A/B ou test partiel de la campagne par e-mail pour déterminer la plus efficace.
- Utilisez des outils de vérification des spams (Testeur de messagerie, Score de l'expéditeur,

Litmus, etc.) pour éviter que les e-mails ne se retrouvent dans les dossiers de spam.

- Ajoutez des boutons sociaux dans les e-mails afin d'augmenter le nombre d'abonnés.

FluentCRM peut vous aider avec tout ce qui concerne les tests A/B. Il prend également en charge la segmentation des contacts, la séquence des e-mails et la gestion globale de la campagne. Alors, N'ACHETEZ PAS LA LISTE D'EMAIL ! Cela va vous coûter cher à long terme.

Quel est l'historique de GetResponse ?

GetResponse a été lancé en 1997 par Simon Gráwski lorsqu'il a lancé le premier répondeur automatique. En 1998, le nom de domaine a été enregistré et le premier bureau était situé en Pologne. En 2010, il comptait 100 abonnés. GetResponse a croisé 300 000 clients en 2013.

Cela ne s'est jamais arrêté après cela.

Au fil des ans, GetResponse a reçu plusieurs récompenses, notamment les prix Stevie d'or et d'argent, le prix Digidau Technogu, le prix IAC, le prix Platinum Hermes Creative awa rd, et plus encore.

Aujourd'hui, il compte plus de 350 000 abonnés dans 183 pays et est disponible en 27 langues. Avec plus de 300 employés et bureaux aux États-Unis, en Pologne, en Malaisie, en Russie et au Canada, GetResponse fait un excellent travail en aidant les entreprises de toutes les tailles.

Combien GetResponse facture-t-il ?

GetResponse vous charge sur la taille de votre liste. Il propose 3 plans différents et un plan personnalisé pour les grandes entreprises et les agences. Le prix varie en fonction de la taille de votre liste et de votre période de facturation. Le prix de départ est de 15 $ par mois avec une liste de 1000.

Vous bénéficiez d'une remise de 18 % pour une période de facturation de 12 mois et d'une remise de 30 % pour la période de facturation de 24 mois. Tous les plans sont livrés avec un essai gratuit de 30 jours.

The Creator Plan to Plan your best, Blogger, Belogger, Belogger Blog, AREF LOFTLE EMMRLY MAGLE

QUE MAGLY MAGLE AND HEAR HEAR HEAR HEAR. MAILT AU PREMIER.

Le plan Plus est destiné aux entreprises qui souhaitent générer des prospects. Il convient au commerce et aux entreprises qui vendent en ligne. Il est livré avec une automatisation, des sites Web et des entonnoirs de vente.

Le plan professionnel convient aux entreprises qui souhaitent faire passer l'automatisation au niveau supérieur. Il vous donne accès à des fonctionnalités illimitées (par exemple, des webinaires, des actions et des entonnoirs).

Le plan Max est un plan redéfini avec une tarification adaptée. Vous bénéficiez d'une consultation, d'un support dédié, d'un changement de marque, d'une infrastructure dédiée et d'un gestionnaire de compte avec le plan Max.

GetResponse offre quelque chose à tout le monde, indépendamment de la taille de votre liste et de ce que vous recherchez.

Qu'est-ce qui est le mieux à propos de GetResponse ?

Voici les meilleures choses à propos de GetResonance qui en font un outil idéal de marketing par e-mail et d'automatisation :

Le tableau de bord, l'interface utilisateur et tous les outils sont simples et faciles à utiliser. Vous n'avez pas besoin de formation pour commencer. Il existe des modèles pour tout ce que vous voulez faire qui vous facilitent la vie.

Il a une liste complète de segmentation et de gestion qui vous permet de diviser vos abonnés en groupes hautement ciblés basés sur un large gamme de variables (par exemple, perte de n, balises, source, séquence de réponse automatique, etc.).

IL EST QUELQUE PEU CHARGÉ AVEC TODER 2008 DE TEMRLTAGE Plus de 200 EMRLL TEMRLLAKE, 180 atterrissages ont sonné.

Il s'agit d'une plate-forme tout-en-un de marketing par e-mail et d'automatisation qui convient aux entreprises de toutes tailles, y compris les petites entreprises, les blogueurs, les agences, le commerce électronique, les vendeurs en ligne, les fournisseurs de services, etc. Il offre un large éventail de fonctionnalités dont chaque entreprise a besoin à un moment donné.

Vous pouvez créer des entonnoirs et des flux de travail même avec le plan de base. Cela en fait un excellent choix pour les petites et moyennes entreprises qui souhaitent tout gérer à partir d'un seul tableau de bord.

Il est très similaire aux autres outils marketing du marché. Le prix de départ de 15 $ par mois pour une liste de 1000 est tout à fait abordable. De plus, un essai gratuit de 30 jours est disponible sur le Web.

Quels sont les inconvénients de GetResponse ?

Voici les inconvénients de GetResponse qui pourraient vous déranger :

- Le tableau de bord d'analyse et de rapport est trop basique. C'est un aspect où GetResponse a besoin d'être amélioré. Si vous êtes plus intéressé par les rapports, l'analyse des données et les idées pour la prise de décision, vous pourriez ne pas aimer GetRes beaucoup.

- L'assistance téléphonique n'est disponible qu'avec le forfait Max. Si vous êtes l'un des trois plans, vous aurez un e-mail et un chat en direct comme support. Si vous avez besoin d'aide de toute urgence, vous aurez du mal et devrez attendre avant de parler à un agent de chat en direct.

Quel plan GetResponse me convient le mieux ?

Les trois plans incluent : Basique, Plus et Professionnel. Le plan Max est personnalisé et s'adresse aux entreprises et aux grandes agences.

Régime de base

Choisissez le plan de base si :

- Vous souhaitez utiliser le marketing par courrier électronique et la réponse automatique
- Vous êtes intéressé à créer votre liste de diffusion
- Vous n'avez pas d'équipe de marketing ou d'email marketing et vous souhaitez utiliser l'outil
- Vous avez besoin d'une automatisation de base
- Vous souhaitez utiliser des pages de destination pour générer des prospects pour votre entreprise

Forfait Plus

Choisissez ce forfait si :

- Vous avez une petite équipe marketing (pas plus de 3 membres)
- Vous êtes intéressé à utiliser l'automatisation au niveau de base
- Vous êtes intéressé par la création de webinaires
- Vous souhaitez créer et gérer un niveau d'entonnoir de vente.
- Vous vous intéressez à la fois à la génération de leads et à la vente en ligne.
- Vous avez une petite à moyenne entreprise avec une taille de liste décente

Régime professionnel

Sélectionnez ce plan si :

- Vous avez jusqu'à 5 membres dans l'équipe
- Vous avez besoin d'une automatisation avancée
- Vous souhaitez organiser des webinaires payants
- Vous avez besoin de solutions professionnelles et d'entonnoirs de conversion pour notre entreprise.

- Vous êtes intéressé à vendre en ligne
- Vous souhaitez générer des prospects et des ventes, avez besoin d'automatisation et souhaitez développer votre entreprise
- Vous avez une grande taille de liste.

Quels sont les trucs et astuces GetResponse ?

Voici quelques-uns des meilleurs hacks et conseils avancés pour les utilisateurs de GetResponse qui vous aideront à faire plus avec votre outil sans dépenser un centime :

- Utilisez le profilage progressif pour obtenir plus de détails sur vos abonnés
- Utilisez drir campagnes pour nourrir les prospects
- Utilisez la notation des prospects pour améliorer la personnalisation
- Envoyez des e-mails personnalisés avec notation des prospects
- Utilisez de nouveaux modèles de page de destination et d'e-mail car ils ne sont pas utilisés par beaucoup d'utilisateurs

- Exécutez des enquêtes pour mieux comprendre vos abonnés
- Utilisez des champs spécifiques pour le profilage
- Intégrez des outils de troisième niveau à l'aide de Zarir pour améliorer l'automatisation

Comment migrer vers GetResponse ?

La migration de vos contrastes à partir d'un autre outil de marketing par e-mail vers GetResponse est un processus simple. Il n'y a pas de règles strictes et rapides. Vous n'avez pas à vous opposer à l'équipe de soutien. Vous n'avez pas à attendre plusieurs jours pour que la migration ait lieu. Tout se fait automatiquement dès que vous téléchargez votre fichier CSV.

Voici comment procéder.

Téléchargez la liste des abonnés de l'ancien fournisseur de messagerie sous forme de fichier CSV. Téléchargez le fichier dans votre GetResronse en quelques clics et vous aurez terminé. Vous pouvez également ajouter des champs personnalisés si vous le souhaitez. Voici un guide pour démarrer avec la migration.

Quelles sont les caractéristiques de Getresponse ?

Publicité par e-mail

Le marketing par e-mail fournit littéralement tout ce dont vous avez besoin pour créer des e-mails d'apparence professionnelle.

Get Response offre un éditeur utile où vous pouvez facilement créer des e-mails entièrement réactifs qui ont l'air bien dans toutes sortes de tailles d'écran, et vous pouvez même choisir de les concevoir vous-même.

Si vous n'êtes pas sûr de créer par vous-même, vous pouvez bien sûr choisir parmi de nombreux types de modèles pré-conçus.

Et si vous voulez tout coder à partir de zéro, cela fonctionne parfaitement aussi. GetResponse est en fait livré avec de nombreux outils différents qui facilitent vraiment la prévisualisation et le test de vos créations. vous pouvez voir exactement à quoi ils ressembleront avant de les envoyer.

D'autre part, lorsqu'il s'agit d'e-mails, nous ne pouvons pas aider et expliquer comment nous devrions gérer nos listes de diffusion afin que ceux qui devraient participer à nos envois. Il serait difficile de gérer ces bu nous-mêmes. À ce sujet, GetResponse a résolu ce problème efficacement grâce à l'importation par lots. Ce n'est pas non plus un problème de modifier l'importation d'autres fournisseurs de messagerie.

Auteurs

Donc, il se peut que vous ayez déjà créé un modèle d'e-mail depuis un certain temps, mais vous ne voulez pas l'envoyer, n'est-ce pas ? Il est possible que vous souhaitiez envoyer des e-mails automatiquement sur une période de temps spécifique ? Ensuite, c'est là que les autorépondeurs entrent en jeu.

Avec chaque message, vous pouvez facilement préciser et identifier une personne ou des individus particuliers auxquels il convient de s'adresser. nt. Et vous pouvez également ajouter des analyses plus avancées telles que le suivi des clics, le suivi du commerce électronique et le suivi des analyses Google.

Le suivi des clics signifie que vous pouvez facilement suivre le taux de clics sur ce message pour voir quels contacts ont cliqué sur vos liens. Le suivi électronique signifie que vous pouvez suivre ce qu'un utilisateur navigue sur votre page après avoir cliqué sur un lien dans votre désordre l'âge qui les a amenés à votre page. En ce qui concerne le suivi de Google Analytics, cela signifie que vous pouvez suivre les utilisateurs qui ont cliqué sur votre page dans Google Analytics.

Toutes ces fonctions vous aideront à estimer l'engagement et à mesurer le succès de vos campagnes.

Webinaires

L'une des fonctions utiles de GetResponse est les webinaires. Les utilisateurs peuvent diffuser des séminaires en direct et parler directement avec les suiveurs à travers cela. Par exemple, vous pouvez vous établir comme un expert dans un domaine spécifique et montrer aux gens comment ils peuvent utiliser votre produits, vous pouvez également en savoir plus sur votre public et leur donner une chance d'interagir et de partager leur feedbask avec vous.

Notifications Web Push

Une autre chose que vous pouvez ajouter à votre page GetResponse est les notifications Web push.

Ici, vous pouvez envoyer des messages rapides et difficiles à manquer à tous ceux qui veulent visiter votre site - et il n'y a pas d'adresse e-mail requise ici. Avec cela, vous pouvez encourager les gens à vérifier votre dernière offre, envoyer un rappel ou même parcourir des nouvelles passionnantes à droite sur leur navigateur de bureau ou mobile.

Discuter

Une fonction de chat est un moyen vraiment formidable et efficace de communiquer directement avec vos utilisateurs. Et il ne fait aucun doute que la fonction de chat le rend beaucoup plus facile pour les utilisateurs tant qu'il y a un problème ou un problème, et il est un moyen instantané et rapide de se connecter avec les clients. Il convient également de mentionner que la boîte de discussion n'est pas seulement intégrée à votre site, mais peut également être ajoutée à votre envoi.

Entonnoir de conversion

Il est toujours important de montrer de l'intérêt pour vos fidèles utilisateurs, et avec la section d'entonnoir de conversion, vous pouvez et vos différentes récompenses que vos utilisateurs peuvent prendre en compte lors d'événements spécifiques. Par exemple, vous pouvez offrir une ressource gratuite que les visiteurs peuvent télécharger à partir d'un signe de remerciement. Il peut s'agir d'une liste de contrôle ou d'un guide de ressources pour aider vos abonnés à démarrer leurs projets, ou peut-être même un ebook pour les éduquer sur le t opиc.

Pages de destination

Une rage d'atterrissage est un excellent moyen d'élargir votre liste, de promouvoir un produit ou un webinaire, de parler aux gens de votre marque et de votre entreprise, etc. GetResponse hébergera votre rage d'atterrissage et vous pourrez choisir si vous souhaitez le lier à votre propre domaine ou en obtenir un d'eux. utomatiquement.

Vous pouvez choisir si vous voulez concevoir la page avec leur éditeur glisser-et-dror avec zéro compétence en codage, ou tout simplement choisir un à partir de leurs propres modèles professionnels déjà construits et en créer un à partir de zéro.

Tout comme la conception d'un modèle d'e-mail, leur éditeur de page de destination est vraiment simple et facile à utiliser. Si vous choisissez d'utiliser un modèle déjà créé, vous pouvez choisir le type de modèle que vous souhaitez. Tous les modèles sont classés en fonction de différents objectifs. Peu importe que vous vouliez créer pour promouvoir un produit, créer une rage de newsletter, ou peut-être une rage de remerciement, cela rend beaucoup plus facile à filtrer et à tirer plusieurs types de modèles qui correspondent à votre objectif.

Nous avons choisi d'utiliser un modèle déjà construit. Nous sommes pareils pour l'éditeur et l'éditeur. Nous pourrions tout contrôler ici à partir de la mise en page, modifier, ajouter ou supprimer des composants. Avec l'éditeur, nous pourrions facilement gérer différentes choses telles que des photos, des fonds, des films et des formulaires, et vous n'avez même pas besoin du sk malade d'écrire une seule ligne de code.

Si vous voulez le faire en mode HTML, vous pouvez également passer en mode HTML où vous pouvez réellement changer la page en code. Il y a une erreur à passer en mode prévisualisation pour prévisualiser la page et voir à quoi elle ressemble dans différents modes.

Formulaires et sondages

La fonction des formulaires et des pages d'enquête est utile et parfaite si vous souhaitez recueillir des informations auprès des clients ou du public. Cela peut être un feedbask, une inscription à la newsletter ou des questions. Exactement comme les pages d'accueil, vous pouvez choisir entre des modèles déjà créés ou créer le vôtre à partir de zéro comme vous le souhaitez. Les résultats des formulaires peuvent vous être transmis ou vous pouvez les collecter sur GetResponse.

Automatisation

La chose la plus étonnante à propos de GetResponse est que beaucoup de choses peuvent être automatisées. Vous pouvez simplement créer différents flux qui, à différentes étapes, génèrent différents événements avec cette fonction d'automatisation, et c'est C'est vraiment facile si vous voulez éviter de suivre manuellement les clients.

Par exemple, disons qu'il y a un client sur votre page de commerce électronique, montre son intérêt, et choisit un produit, et le met dans le panier d'achat. Mais au final, le client n'achète jamais le produit et quitte plutôt le site. Dans ce cas, vous voudrez peut-être suivre ce client quelques jours plus tard. Cependant, cela signifie beaucoup de travail à surveiller. Avec GetResponse, vous pouvez réellement automatiser tout ce processus. Avec l'outil d'automatisation, vous pouvez créer un événement qui se produit lorsque le client met un produit dans le panier, et vous pouvez définir exactement Pour savoir ce qui devrait arriver, envoyez un rappel au client avec un lien direct vers le produit.

Normalement, une certaine programmation est nécessaire pour ce faire, mais GetReson vous permet de glisser-déposer facilement en quelques étapes. Nous pouvons dire que GetResponse prend bien soin de cela afin que vous n'ayez pas à passer plus de temps là-dessus et vous pouvez vous concentrer dessus moi autre ceci.

Annonces payantes

La dernière mais non la moindre fonction importante de GetResponse est la publicité payante. GetResponse prend en charge à la fois les annonces Google et les annonces Facebook. Vous pouvez créer et gérer vos annonces de manière plus efficace et flexible. Les publicités peuvent être liées à vos événements préférés, ce qui vous donne un meilleur aperçu de l'efficacité de vos publicités.

Comment utiliser GetPesponse pour le marketing par e-mail ?

Cette section a été divisée en plusieurs éléments afin qu'il soit pratique pour vous de comprendre et d'utiliser l'explication tion. Nous couvrons les principaux composants tels que la création du compte jusqu'à l'utilisation de la plate-forme de marketing pour le marketing par e-mail.

Créer et configurer un compte GetResponse

Visitez le site Web officiel de GetResponse et trouvez l'option où vous pouvez voir le bouton "S'inscrire gratuitement". Cliquez sur le bouton en ajoutant tous les détails comme votre nom, votre identifiant de messagerie et votre mot de passe. Vous devez vérifier votre compte de messagerie afin que la confirmation du propriétaire se produise.

Prenez note de toutes les informations d'identification que vous avez utilisées pour créer un compte GetResponse. Si vous n'avez pas reçu l'e-mail de vérification dans votre boîte de réception principale, consultez les promotions ou parfois cela peut atterrit même dans votre dossier spam.

Après avoir vérifié avec succès votre compte GetResponse, vous devez configurer le compte pour l'utiliser davantage. Fournissez tous les détails requis et ils seront vérifiés par l'équipe GetResponse afin qu'il n'y ait aucun problème. Alors que les politiques relatives au droit à la confidentialité deviennent plus strictes, les plateformes de marketing par e-mail renforcent également leur processus.

Utiliser GetResponse pour ajouter des contacts

Si vous êtes en train de vous rendre compte de votre avis Assurez-vous que la liste de courrier électronique que vous téléchargez ici provient de votre propre base de données de courrier électronique et n'a pas été achetée auprès de fournisseurs tiers. Ce qui se passe lorsque vous achetez des bases de données de courrier électronique auprès de fournisseurs tiers, c'est qu'elles sont de nature spammeuse depuis qu'elles ont été vendues pour multiplier les individus. Et lorsque vous insérez des bases de données de spam, la campagne ne fonctionne pas correctement.

Vous pouvez basculer pour créer une liste de contraste que vous trouverez dans le menu de GetResponse. La prochaine étape que vous devez suivre est que vous pouvez télécharger la base de données de la liste de contacts que vous avez. Ils ont même simplifié la tâche où ils vous fournissent une plate-forme pour mettre à jour la dernière liste au fur et à mesure que vous grandissez. Cela signifie que chaque fois que vous générez de nouveaux prospects, vous pouvez configurer l'importation de contrastes récurrents.

Créer une campagne de marketing par e-mail

Sur la base de l'objectif du marketing par e-mail, vous devez créer une campagne en conséquence. Voici quelques étapes pour créer une campagne de marketing par e-mail à des fins de promotion de marque.

Lorsque vous vous connectez à votre compte GetResponse, sur le tableau de bord, vous trouverez l'option Créer une campagne dans le menu. Ceci est généralement situé sur la partie d'en-tête vers le côté droit de l'écran.

Vous devez sélectionner le pneu de la campagne marketing que vous souhaitez promouvoir, puis continuer en cliquant sur créer une nouvelle campagne. La campagne peut être de plusieurs types : newsletter, promotionnelle, transactionnelle, etc. Nous discuterons du type de campagne de marketing par courrier électronique plus tard dans le blog.

Après avoir créé la campagne de marketing par e-mail, vous devez sélectionner la liste d'audience par e-mail. Assurez-vous de choisir la bonne liste d'e-mails pour ne pas le regretter après avoir lancé une campagne .

Vous pouvez modifier la campagne de marketing par e-mail selon vos besoins. Vous pouvez même essayer la méthode de prévisualisation et de test afin d'obtenir un essai de votre campagne par e-mail. Sur cette base, vous pouvez optimiser davantage en examinant l'étendue des opportunités que vous trouvez.

Test de la campagne de marketing par e-mail

GetResponse fournit une variété de mesures de performance que vous pouvez analyser l'activité de la campagne. Certains des principaux paramètres que vous pouvez vérifier sont les taux d'ouverture des e-mails, le taux de désabonnement, le taux de spam, le taux de rebond et d'autres fonctions vitales. tres. Vérifiez chaque facteur qui contribue à la performance de la campagne de marketing par courrier électronique.

Lorsque vous analysez les résultats, vous trouverez de nombreuses erreurs et pourrez en faire une nouvelle stratégie. L'une de ces techniques populaires est la méthode de test A/B. Grâce à cette technique, vous connaîtrez les données exactes des lignes de sujet pilotées par la conversion, appelez à un bouton, et le sontent que vous utilisez pour le marketing par e-mail.

Comment puis-je commencer avec le marketing par e-mail GetResponse ?

Si vous avez déjà entendu les phrases : "le moneu est dans la liste", "créer une newsletter" ou "envoyer un e-mail", alors vous êtes plus familier avec l'e-mail marketing et répondeurs automatiques que vous ne le pensez. Ils traitent tous de l'idée d'établir une connexion avec vos projets de construction de relations avec les cerfs en offrant de la valeur e au fil du temps.

Ce n'est PAS une façon d'envoyer des tonnes d'e-mails à des inconnus qui achètent un produit chez vous. En fait, les 3 raisons pour lesquelles vous devriez utiliser le marketing par e-mail dans votre entreprise en ce moment sont :

Être connu - vous permet de bâtir la confiance et la crédibilité avec vos abonnés au fil du temps.

Atteignez tout le monde - d'une simple pression sur un bouton, vous pouvez garder vos abonnés mis à jour avec toutes les dernières nouvelles, urdates et ventes.

Portable - les médias sociaux sont une plate-forme pleine de ressources ; cependant, seul le marketing par e-mail vous donne un contrôle à 100% sur vos abonnés. Vous pouvez les emporter partout où vous allez.

N'oubliez pas que personne ne veut être "regroupé" dans la somme. Les gens veulent être assistés personnellement, et tout le monde est en compétition pour "l'immobilier de l'esprit". Ce qui vous rendra différent et plus rentable du reste, c'est votre capacité à établir efficacement une relation de confiance avec vos abonnés. son bâtiment.

Le marketing le plus fort est le marketing relationnel.

Le marketing par e-mail vous permet d'envoyer un contenu fort et précieux à toutes les personnes qui s'intéressent à ce que vous avez à offrir r. Le répondeur automatique est ce qui délivre automatiquement ces e-mails.

Qu'est-ce qu'un bulletin d'information ?

Un bulletin d'information est très similaire à ces annonces de magazines que vous pourriez recevoir dans votre boîte aux lettres. Les entreprises les envoient quotidiennement, hebdomadairement ou mensuellement pour s'assurer que vous restez informé de toutes les ventes ou pro motions qu'ils exécutent actuellement.

Une newsletter est la même chose, envoyée par e-mail au lieu d'un courrier postal.

Les bulletins d'information diffèrent un peu car ils peuvent être plus interactifs que votre promotion moyenne par publipostage. Ils peuvent inclure des liens vers des sites Web et des vidéos, contenir des fichiers à télécharger et donner à vos abonnés un accès direct au lien vers la nouvelle newsletter.

Pour le dire aussi simplement que possible - un bulletin d'information est ce que vous voulez qu'il soit. Assurez-vous simplement de vous engager à l'envoyer de manière cohérente et à le remplir de valeur. Sinon, vous abusez du droit d'envoyer des e-mails à vos abonnés et vous perdez à la fois votre temps et le leur.

Qu'est-ce qu'un répondeur automatique par e-mail ?

Un répondeur automatique par e-mail est un groupe de messages électroniques envoyés dans un ordre séquentiel.

Ceci est souvent appelé une "séquence de réponse automatique par e-mail".

Ces séquences ou activées en fonction d'un événement déclenché. Par exemple, lorsque quelqu'un saisit son adresse e-mail dans un formulaire Web, cela est traité comme un événement déclenché qui autorisera un "email autores réfléchissez ».

Prendre le temps d'écrire une séquence de réponse automatique bien rédigée peut apporter des avantages incroyables à votre entreprise.

Pourquoi Getresponse ?

Il existe une pléthore de plates-formes à risquer. On pourrait dire que la plupart d'entre eux feraient le travail pour un débutant.

Ce n'est que lorsque vous commencez à tirer parti de stratégies de marketing plus avancées que certains outils commencent vraiment à se démarquer des autres.

De tous mes professionnels ; et l'expérience personnelle, et en servant d'innombrables clients, des débutants aux spécialistes du marketing par courrier électronique avancés. Je dois dire que le marketing par e-mail GetResponse continue de s'avérer être la meilleure solution. Je pourrais continuer encore et encore pourquoi je crois que GetResponse a la meilleure plate-forme de marketing par courrier électronique, mais je vais le résumer en quelques mots nt:

- Éditeur HTML simple et puissant pour toutes vos diffusions et newsletters
- De beaux modèles faciles à personnaliser
- Fonctionnalité de réponse automatique avancée
- Possibilité de créer un segment et de le mettre à jour automatiquement au fur et à mesure que votre liste grandit
- Forte intégration avec d'autres outils (via Zarier)
- Support client incroyable
- Vraiment très simple à utiliser

J'ai trouvé que la plate-forme de marketing par e-mail de GetResponse était parfaite pour les débutants ainsi que pour les e-mails intermédiaires. Le reste de ce guide se concentrera sur la façon de démarrer dans le marketing par e-mail. Vous trouverez ci-dessous des instructions détaillées sur la façon de configurer et de configurer votre compte GetResponse pour obtenir les meilleurs résultats.

Que se passe-t-il si je n'utilise pas GetResponse ?

Aucun problème. La théorie générale fonctionnera pour toute plate-forme de marketing par courrier électronique ; cependant, les questions de ce guide seront orientées sur la façon de le faire avec GetResponse

Anatomie d'une liste de courrier électronique

Avant d'envoyer votre premier e-mail, il est important que vous compreniez comment fonctionne la création d'une liste de diffusion. Je recommande le marketing par e-mail basé sur la permission ou le marketing par e-mail "double-ort" pour vous assurer que vous avez une liste claire avec une grande quantité vraiment.

Ci-dessous, vous verrez un organigramme qui montre le processus de double opt-in.

Processus de réponse automatique double ort-in e-mail

Comme vous pouvez le voir dans le diagramme ci-dessus, la première étape consiste à demander au visiteur de votre site Web de remplir un formulaire Web (ne vous inquiétez pas. Je vais vous montrer comment créer et intégrer ce formulaire Web dans votre site. dans le prochain ster .) .

Une fois qu'ils ont soumis leurs informations, une séquence d'événements a lieu avant qu'ils ne soient réellement ajoutés à votre liste de diffusion. Le plus important est l'e-mail de confirmation (l'icône d'e-mail ci-dessous). C'est là que la permission de les ajouter à votre liste est demandée (par vous) et accordée (par votre abonné).

Cet e-mail contiendra un lien sur lequel votre abonné devra cliquer pour réussir à être ajouté à votre liste. Une fois qu'ils ont cliqué sur le lien, vous autorisant à leur envoyer des e-mails, ils seront ajoutés à votre liste d'e-mails et commenceront le premier. ter de votre séquence de réponse automatique par e-mail.

Créer mon premier formulaire Web

Comme je l'ai mentionné précédemment, les formulaires Web vous permettent de saisir les données de vos abonnés pour les ajouter à votre liste de diffusion. C'est le premier événement qui est nécessaire pour démarrer le processus.

Vous pouvez avoir plusieurs formulaires Web pour une seule campagne dans GetResronce. La raison en est que chaque formulaire Web peut avoir sa propre rage "Merci" (la rage qu'ils voient immédiatement après avoir soumis leur e-mail). Ainsi, en fonction de ce que vous proposez et de la manière dont vous décidez de le fournir, vous pouvez être aussi avancé ou rester aussi bas que vous le souhaitez. Consultez le diagramme ci-dessous pour voir comment plusieurs formulaires Web peuvent être utilisés pour la traduction en anglais.

Comment créer un formulaire Web dans GetResponse ?

Pour l'instant, concentrez-vous simplement sur la création de votre premier formulaire Web pour la campagne GetResponse que vous venez de créer. Accédez au tutoriel sur la façon de le faire ci-dessous :

Ressources:

Tutoriel étape par étape sur la création de votre premier formulaire Web dans GetResponse

Guide d'intégration de formulaire Web. Découvrez la meilleure façon d'obtenir votre formulaire sur votre site/blog.

Comment envoyer votre première newsletter dans GetResponse

Il y a trois types de messages que vous enverrez jamais.

Bulletin d'information - également appelé explosions d'e-mails. Ce sont des e-mails envoyés manuellement à un groupe d'abonnés

Réponse automatique - messages basés sur des événements qui sont programmés pour être envoyés dans un ordre prédéterminé.

RSS-to-Email – un e-mail est envoyé chaque fois que vous publiez un blog.

Segmentation : tirer le meilleur parti de votre plateforme de marketing par e-mail

Maintenant que vous savez comment envoyer des e-mails à GetRepost, prenons un peu de temps pour déterminer à qui envoyer ces e-mails. Votre offre convaincante n'est que le début de votre entonnoir de marketing. Pour rester engagé, vous devrez être en mesure de fournir des informations précieuses face aux bonnes opportunités.

C'est là qu'intervient la segmentation. La segmentation est le processus d'identification des intérêts de vos abonnés et de création de groupes en fonction de leurs intérêts. Par exemple, si vous avez plusieurs offres, vous pouvez définir une nouvelle liste/campagne pour chaque offre. Vous pouvez désormais commercialiser auprès de vos abonnés en fonction de ce que vous téléchargez.

Il s'agit d'un scénario courant pour de nombreux entrepreneurs et cela vous donne la possibilité d'envoyer des bulletins d'information périodiques à l'ensemble de votre liste... quelle que soit l'offre qu'ils téléchargent.

Consultez le schéma ci-dessous pour savoir comment configurer votre compte GetResponse pour envoyer des e-mails ciblés.

Marketing ciblé dans GetResronse en utilisant la segmentation

Le principal avantage de l'envoi d'e-mails ciblés est la possibilité de gagner de l'argent. En envoyant des e-mails uniquement aux personnes les plus intéressées par ce que vous proposez, vous vous protégez ng off comme trop espiègle pour vos abonnés.

Ceux qui sont intéressés par plus d'informations devraient en recevoir plus, sans déranger ceux qui n'en veulent pas autant. C'est vraiment le meilleur des deux mondes pour tout le monde.

CONCLUSION

Maintenant que vous savez ce qu'est le logiciel de marketing GetResponse et ce que vous pouvez l'utiliser pour réaliser dans votre entreprise, la prochaine étape est de voyez comment ses caractéristiques dont nous avons discuté avec vous ci-dessus peuvent vous aider à atteindre vos objectifs marketing. À partir de la création de listes de courrier électronique, de la création de pages de destination, de la création d'entonnoirs de conversion, de l'hébergement de webinaires à sa dernière fonctionnalité qui est l'AI-dr même constructeur de site Web, c'est à vous de creuser toutes les informations que vous avez ici. Ensuite, décidez si cet outil répond à vos besoins.